ロシア語の文字一覧

文　字	文字が表す音と発音上のヒント
А　а	ア
Б　б	バの子音: boss の **b**
В　в	ヴァの子音: very の **v**
Г　г	ガの子音: go の **g**
Д　д	ダの子音: dog の **d**
Е　е	ィエ
Ё　ё	ヨ
Ж　ж	子音: 口を突き出して shot の **sh** を声と共に発音する
З　з	子音: たとえば速めに発音した「小猿」でのザの子音
И　и	イ
Й　й	子音: boy の **y** のような音
К　к	カの子音: book の **k**
Л　л	子音: help の **l** のような音
М　м	マの子音: man の **m**
Н　н	ナの子音: not の **n**
О　о	オ
П　п	パの子音: keep の **p**

文　字	文字が表す音と発音上のヒント
Р　р	ラの子音：巻き舌の音
С　с	サの子音：song の **s**
Т　т	タの子音：stop の **t** のような音
У　у	ウ
Ф　ф	子音：food の **f**
Х　х	子音：hot の **h** に近い音
Ц　ц	ツの子音
Ч　ч	チの子音
Ш　ш	子音：口を突き出して shot の **sh** を発音する
Щ　щ	子音：たとえば「支社」を早口で発音した時の「シシ」に近い音
Ъ　ъ	硬音記号：これ自体は発音しない
Ы　ы	奥歯をかみしめるようにして「イ」と発音する
Ь　ь	軟音記号：これ自体は発音しない
Э　э	エ
Ю　ю	ユ
Я　я	ヤ

Юити Исахая
Фумиаки Хаттори
Ёити Охира
Хироси Танака

В ЭТОМ СЕМЕСТРЕ
МЫ ИЗУЧАЕМ РУССКИЙ ЯЗЫК

ИЗДАНИЕ ВТОРОЕ

Издательство ХАКУСУИСЯ

は じ め に

　新しい外国語を学ぼうとするみなさんは今どんな気持ちですか．きっとみなさんは未知のものに挑戦する期待と，いくぶんかの不安を胸に抱いていることでしょう．そして，みなさんがこれから学ぼうとするロシア語は英語などと遠い親戚にあるとはいえ，ローマ字とはかなり異なった文字を用いますから，なおさら難しく見えるかもしれません．

　どんな外国語を習得するにもそれなりの時間と努力が必要です．複雑な文法体系，たくさんの語彙を覚えなくては，その言語を使ってコミュニケーションすることはできないでしょう．ただ，いきなり目標を高く立てたからといって効果が上がるものでもありません．外国語を習得するためには，要領も必要です．

　そこで，みなさんのロシア語習得をできるだけ効率よいものにするために，この教科書では従来の教科書より文法事項を大幅に整理し，ロシア語の概要を知るために必要不可欠なものだけを，学びやすい順序でコンパクトにまとめてみました．もちろん，教科書ですから教授者の存在を前提にしていますが，学習者の理解のために説明事項もふやしています．週2回の授業では1セメスター（半年）で，週1回の授業なら1年の授業で十分終わる分量ですが，これ1冊を学べば，ロシア語の基本的な文法構造は完全に理解できるはずです．

　ただ，この教科書を学んだだけではロシア人と会話したり，ロシア文学を読んだりすることはできません．そのためには新たな学習が必要になりますが，この教科書をマスターすれば，その後の学習はずっと容易になるでしょう．この教科書でロシア語が好きになった皆さんが，少しでも多く次のステップに進まれることを私たちは祈っています．ロシアは日本の隣国ですが，これまで近くて遠い国でした．日露の交流が盛んになろうとする21世紀をひかえて，この教科書がお互いの文化の架け橋となれば，これにまさる喜びはありません．

　　1999 年春

改訂版の刊行にあたって

　セメスター制への移行に対応すべく作られたこの『セメスターのロシア語』が刊行されてから，はや20年もの歳月がたちました．この20年の間に1セメスターが15週になったことなどもあり，改訂を望む声を聞く機会がふえてきました．そこで若い仲間の助けを借りて，およそ3課分の教材を増やすことに踏み切りました．

　10ページほど分量は増やしましたが，新しい文法項目を導入するどころか，2, 3の固有名詞以外，新しい単語も出てきません．第10課までに習った文法項目について第10課までに出てきた単語を使って復習するというのが，増補分の狙いです．

　とはいえせっかくの機会ですから，第10課までについても，使ってくださった先生方のご意見に応えるべく，少し手直しをしました．ただし，それはこの教科書のコンセプトをよりよく反映させるためであって，ロシア語文法の骨格をきちんと習得してほしいという私たちの願いはまったく変わっていません．

　2019年春

　　　　　　　　　　　　　　　　　　　　　　　　　　　　　著　　者

――― 音声ダウンロード ―――

この教科書の音源は白水社ホームページ（www.hakusuisha.co.jp/download/）からダウンロードすることができます（お問い合わせ先: text@hakusuisha.co.jp）。

目　次

はじめに *2*

文字とその読み方
1 アルファベット　*6*
2 母音字とアクセント　*6*
3 注意しなければならない子音字の
　 読み方　*7*
4 子音の一覧　*7*
5 注意しなければならない母音字の
　 読み方 (1)　*8*
6 軟らかい子音字の読み方 (1)　*8*
7 軟らかい子音字の読み方 (2)　*9*
8 注意しなければならない母音字の
　 読み方 (2)　*9*
9 子音字 б д г в з ж の読み方の
　 上での注意　*9*

第1課
1 名詞の性　*10*
2 名詞の複数形　*10*
3 文法上の一致について　*11*
4 形容詞の性・数変化　*11*

第2課
1 人称代名詞　*14*
2 動詞について注意しなければなら
　 ない特徴　*15*

3 動詞の過去形　*15*
4 イントネーション　*15*
5 語順について　*16*

第3課
1 名詞の格　*18*
2 持ち主を表すことば (1)　*19*
3 持ち主を表すことば (2)　*20*

第4課
1 名詞の単数・対格　*22*
2 疑問文のつくり方とイントネー
　 ション　*23*
3 名詞の単数・生格　*23*
4 生格の用法　*24*

第5課
1 2種類の導入文　*26*
2 動詞 быть の構文　*26*
3 接続詞 и́ли と а　*27*
4 否定の не　*27*

第6課
1 名詞の単数・前置格　*30*
2 「～に行った / 来た」の表現　*31*
♡ あいさつの表現　*31*
♡ 数詞　*31*

第 7 課

1. 名詞の単数・与格 *34*
2. 人称代名詞と疑問詞の与格 *34*
3. 与格の用法 *35*
4. 名詞の単数・造格 *35*
5. 人称代名詞と疑問詞の造格 *35*
6. 造格の用法 *36*

第 8 課

1. 所有の表現 *38*
2. 所有・存在の否定 *39*
3. 人称代名詞と疑問詞の対格 *39*
4. 人称代名詞と疑問詞の前置格 *40*

第 9 課

1. 動詞の過去，現在，未来と体の関係 *42*
2. 体と時制と動作の概念図 *42*
3. 動詞の現在形 *43*
4. e 変化（第 1 変化） *43*
5. и 変化（第 2 変化） *44*

第 10 課

1. 動詞の未来形 (1) *46*
2. 動詞の未来形 (2) *46*
3. 動詞 быть の未来形の用法 *47*
4. 「行く・来る」の表現 *47*

第 11 課

総仕上げ (1) *50*

第 12 課

総仕上げ (2) *54*

補 遺 *58*

文法表

1. 名詞の変化 *60*
2. 疑問詞 кто, что の格変化 *61*
3. 人称代名詞の格変化 *61*
4. 形容詞と疑問詞 какóй の性・数変化 *61*
5. 《持ち主を表すことば》の性・数変化 *61*
6. 動詞の現在形 *62*
7. 動詞の過去形 *62*
8. 動詞の未来形 *62*

音源吹込: イリーナ・メーリニコワ，アレクサンドル・フィオードロフ
　　　　エカテリーナ・コムコーヴァ
装丁: 折原カズヒロ

文字とその読み方

1 アルファベット　　　　　　　　　　　　　　　　　▶ 02

文字の形	文字の名前	文字の形	文字の名前	文字の形	文字の名前
А а	ア	К к	カ	Х х	ハ
Б б	ベェ	Л л	エル	Ц ц	ツェ
В в	ヴェ	М м	エム	Ч ч	チェ
Г г	ゲェ	Н н	エヌ	Ш ш	シァ
Д д	デェ	О о	オ	Щ щ	シシャ
Е е	ィエ	П п	ペ	Ъ ъ	トゥヴョールドゥ　イ・ズナーク
Ё ё	ヨ	Р р	エル	Ы ы	ウィ
Ж ж	ジェ	С с	エス	Ь ь	ミァーフキィ・ズナーク
З з	ゼェ	Т т	テ	Э э	エ
И и	イ	У у	ウ	Ю ю	ユ
Й й	イ・クラートゥカヤ	Ф ф	エフ	Я я	ヤ

2 母音字とアクセント　　　　　　　　　　　　　　　▶ 03

　　硬母音字：　　　а　　э　　ы　　о　　у
　　軟母音字：　　　я　　е　　и　　ё　　ю

◇ 下の段の文字の読み方に注意しましょう(このように[イ]の音色を持つ文字を軟母音字といいます．これに対して，上の段の文字を硬母音字といいます)．

◇ ы は，奥歯をかみしめるようにして(こうすると舌が奥の方に引かれます)[イ]と発音します．

◇ アクセント記号のつけられた母音字は，はっきりと強く，少し長めに読みます．母音字が1つしかない単語にはアクセント記号をつけません．

◇ ё にはいつもアクセントがあると，覚えておきましょう．

6

3 注意しなければならない子音字の読み方　　　　　　　　　▶ 04

◇ в は，ローマ字式に［ブ］と読んではいけません： вот, вы

◇ л は，舌の先を上の歯の裏につけたまま息を出します： пол, плач

◇ н は，母音字の後にきた時には，注意して下さい．日本語式に［ン］というのではなく，軽く［ヌ］というつもりで発音しましょう： он, пúсан

◇ ш は，口笛を吹く時のように唇を突き出して，英語の sh の発音をします： наш, шар

◇ ж は，ш と同じ口の構えにして，声を出します： жук, журнáл

◇ з は，［ス］の口の構えのまま（特に舌の位置に注意して）声も出します： дóза, зонт

◇ х は，寒くてかじかんだ手に息をかけるようにして発音します： хáта, холм

4 子音の一覧

◇ ペアになっている子音

無声子音	п	т	к	ф	с	ш
有声子音	б	д	г	в	з	ж

◇ ペアになる有声子音がない無声子音

х	ц	ч	щ

◇ ペアになる無声子音がない有声子音

л	р	м	н	й

◇ 息だけでなく声も出す子音を有声子音と呼びます．発音しながらのどにさわると，声帯がふるえているのがわかります．　　　　　　　　▶ 05, 06

◇ й は，必ず母音字の後に現れます：

　　май　　твой　　я́йца

◇ 比較しましょう：

　　пáпа — бáба　　та — да　　кудá — гудóк

　　фон — вон　　сон — зонт　　шар — жар

読み方の練習 (1)　　　　　　　　　　　　　　▶ 07〜11

1) кто, да, туда́, па́па, пау́к, гудо́к, губа́, бок

2) сто, мост, нас, нос, сон, фон, фунт, вот, вас, вы

3) пол, стол, флот, пар, брат, спорт, ха́та, холм, храм

4) наш, шко́ла, шар, жук, журна́л, до́за, зонт, заба́ва

5) плач, ча́ша, плащ, щу́ка, ро́ща, у́лица, цыга́н

5 注意しなければならない母音字の読み方 (1)　　　▶ 12

　アクセントのない母音字は弱くあいまいに読まれます．特に о と а は同じ発音になるので，注意しましょう：

о＝а [ア]：　Москва́ [マスクヴァー] ～ масла́ [マスラー]

слóво [スローヴァ] ～ слáва [スラーヴァ]

読み方の練習 (2)　　　　　　　　　　　　　　▶ 13

гора́, нога́, доро́га, разгово́р, го́рло, голова́

6 軟らかい子音字の読み方 (1)　　　　　　　　▶ 14, 15

　子音が [イ] の音色をともなう時，その子音は軟らかいといわれます．

　ь（ミャーフキィ・ズナーク）は，これだけでは発音のできない特殊な文字ですが，子音字の後にそえて，その子音が軟らかく発音されることを示します．硬い子音と比較して，読み方を覚えましょう：

у́голь [ウーガリ] ～ у́гол [ウーガル]　　　дань [ダーニ] ～ дан [ダーヌ]

◇ 軟母音字は子音字の後に綴られた場合には，я＝ь＋а のような働きをします．したがって，軟母音字の前の子音字も「軟らかく」読みます：

мя　　～ ма　　　　пю　～ пу

（мь＋а）　　　　　（пь＋у）

◇ ъ（トゥヴョールドゥイ・ズナーク）も，これだけでは発音できません．子音字と軟母音字の間におかれ，子音字が硬いままで読まれることを示します：

объéкт [アブ・ィエークト]

7 軟らかい子音字の読み方 (2)　　　　　　　　　　▶ 16, 17

　軟らかい т，д，с，з の読み方に注意しましょう．舌の先を伸ばして下の歯の裏につけたままで，tea，deal，sea，zeal での t，d，s，z のように発音します．

　日本語の「イ」を発音してみて，その時の舌の位置をよく覚えて，上の注意に沿って練習しましょう．

тя	те	ти	тё	тю
дя	де	ди	дё	дю
ся	се	си	сё	сю
зя	зе	зи	зё	зю

読み方の練習 (3)　　　　　　　　　　　　　　　▶ 18〜20

1) конь，соль，по́ступь，то́лько，слова́рь，го́рько

2) бе́лый，мёртвый，мя́со，тётка，ти́хий，лю́ди，идёт

3) сюда́，сиди́т，зима́，газе́та，взял，опя́ть，тьма́，гусь，восьмо́й

8 注意しなければならない母音字の読み方 (2)　　　▶ 21, 22

　я＝и [イ]：я́йца [ヤーィツァ]〜 яйцо́ [イィツォー]

　　　　　　мя́со [ミァーサ]〜 мясно́й [ミスノーィ]

◇ 語末では軽く[ア]と読みます：и́мя [イーミァ]，бу́ря [ブーリァ]

9 子音字 б д г в з ж の読み方の上での注意　　　▶ 23

　これら6つの子音字が単語のいちばん最後にある時や，無声子音の直前に位置している場合は，それぞれペアをなす п т к ф с ш として読みます：

　клуб [クループ]，заво́д [ザヴォート]，вчера́ [フチェラー]，

　по́езд [ポーィエスト]，кровь [クローフィ]

◇ 最後の例のように ь で終わっている場合に注意しましょう．

読み方の練習 (4)　　　　　　　　　　　　　　　▶ 24, 25

1) сад，о́стров，зуб，глаз，нож，друг

2) ры́бка，во́дка，ло́жка，за́втра，тетра́дь

第1課 ━━━━━━━━━━━━━━━━━━━━━━

▶ 26

ра́вый план

но́вая ка́рта

но́вое пра́вило

но́вые пла́ны

ру́сский журна́л

ру́сская приро́да

ру́сское сло́во

ру́сские боло́та

1 名詞の性

ロシア語の名詞は文法上の性をもち，男性，女性，中性の3つのグループのどれかに属します．名詞の性は，辞書の見出し語として出ている（単数・主格と呼ばれる）形によって簡単に判別できます：

1) 男性名詞： つづりが子音字で終わるものと，ь で終わるものの一部：

план, чай, портфе́ль

2) 女性名詞： つづりが a, я で終わるものと，ь で終わるものの残り：

ка́рта, неде́ля, тетра́дь

3) 中性名詞： つづりが o, e で終わるものと，ごく少数の мя で終わるもの：

пра́вило, мо́ре, и́мя

◇ つづりが a, я で終わっていても，男の人を表す名詞は男性名詞です：

па́па「パパ」，дя́дя「おじさん」

2 名詞の複数形

▶ 27

名詞は単数と複数を区別します．

10

1) 女性名詞は，最後の文字 a を ы に交替させます：

単数 ка́рта　複数 ка́рты

2) 中性名詞は，最後の文字 o を a に交替させます：

単数 пра́вило　複数 пра́вила

3) 男性名詞は，ы をつけます：

単数 план　複数 пла́ны

◇ 複数が ки, ги, хи となる名詞がたくさんあります：

単数 уро́к　複数 уро́ки　単数 кни́га　複数 кни́ги

単数 стару́ха　複数 стару́хи

これは書き方の規則によって кы, гы, хы というつづりが許されないためです．この規則を《正書法の規則》といいます．

◇ 実際の数とは無関係にいつも複数形で使われる名詞があります：

де́ньги「お金」，часы́「時計」

③ 文法上の一致について

　ロシア語では，修飾語と被修飾語の一致や主語と述語の一致のような《一致》という現象がとても重要です．ここでは，まず名詞とそれを修飾する語との間の性と数の一致について学びます．

④ 形容詞の性・数変化　　　　　　　　　　　　　　　　　▶ 28

1) 形容詞は名詞と一致します．

2) 下の表にあげた末尾の 2 文字が形容詞の一般的なつづりですから，注意して覚えましょう．

単数			複数
男性形	女性形	中性形	複数形
〜ый	〜ая	〜ое	〜ые
но́вый	но́вая	но́вое	но́вые
живо́й	жива́я	живо́е	живы́е
ру́сский	ру́сская	ру́сское	ру́сские

11

◇ 単数の男性名詞を修飾する形を男性形と呼びます．女性形，中性形も同様の
いい方です．複数形は 3 つの性に共通の形となります．

◇ живо́й のように，アクセントが語尾にくるタイプの形容詞があります．男性
形に注意しましょう．

◇ ру́сский のように，正書法の規則のために，つづりに変更のある形容詞も少
なくありません．男性形と複数形のつづりに注意しましょう．

◇ 語尾にアクセントのないタイプでは，女性形と中性形の発音は同じです．

練習問題 1

1. つぎの名詞の性は何ですか？

1) му́зыка　2) ле́кция　3) ме́сто　4) инжене́р　5) музе́й

6) портфе́ль　7) друг　8) дя́дя　9) маши́на　10) тетра́дь

11) письмо́　12) пла́тье　13) вре́мя　14) парк　15) па́па

16) студе́нтка　17) ма́ма　18) студе́нт

2. つぎの名詞を複数形にしましょう．

1) рома́н　2) по́чта　3) кре́сло　4) ма́льчик　5) соба́ка

6) пра́вило　7) ко́мната

3. うしろの名詞との一致を考えて，形容詞の語尾を補いましょう．

1) но́в _____ журна́л　　　но́в _____ кни́га

　 но́в _____ сло́во　　　 но́в _____ журна́лы

2) ру́сск _____ боло́то　　ру́сск _____ рома́н

　 ру́сск _____ газе́ты　　 ру́сск _____ газе́та

4. 単数名詞を複数形にして，形容詞も変化させましょう．

1) ста́рый рестора́н　2) ста́рое кре́сло　3) ста́рая ша́пка

4) япо́нский журна́л　5) жива́я ры́ба　6) просто́е пра́вило

この課の単語　　　▶ 29

боло́то	沼	парк	公園
вре́мя	時間	письмо́	手紙
газе́та	新聞	план	見取り図
де́ньги	（複数）お金	пла́тье	ドレス
друг	友人	портфе́ль	書類かばん
дя́дя	おじさん	по́чта	郵便局
живо́й	生きている	пра́вило	規則
журна́л	雑誌	приро́да	自然
и́мя	名前	просто́й	簡単な
инжене́р	技師	рестора́н	レストラン
ка́рта	地図	рома́н	長編小説
кни́га	本	ру́сский	ロシアの
ко́мната	部屋	ры́ба	魚
кре́сло	ひじ掛け椅子	сло́во	ことば
ле́кция	講義	соба́ка	犬
ма́льчик	少年	стару́ха	老婆
ма́ма	ママ	ста́рый	古い
маши́на	自動車	студе́нт	学生
ме́сто	場所	студе́нтка	女子学生
мо́ре	海	тетра́дь	ノート
музе́й	美術館	уро́к	授業
му́зыка	音楽	чай	茶
неде́ля	週	часы́	（複数）時計
но́вый	新しい	ша́пка	帽子
па́па	パパ	япо́нский	日本の

第2課

▶ 30

Вчера́ я вста́л ра́но.

Вчера́ я вста́ла по́здно.

Ле́том он встава́л ра́но.

Зимо́й она́ встава́ла по́здно.

Со́лнце уже́ вста́ло.

Они́ до́лго чита́ли.

Пе́ли пти́цы.

【読み方の注意】 по́здно［ポーズナ］, со́лнце［ソーヌツァ］

1 人称代名詞

▶ 31

人称のちがいを表す代名詞を覚えましょう. 話し手が1人称, 聞き手が2人称, その他は3人称です. 人称代名詞には単数と複数があります.

		単数	複数
1人称		я	мы
2人称		ты	вы
3人称	男性	он	
	女性	она́	они́
	中性	оно́	

◇ я は, 文頭以外では小文字で書きます(英語の I とはちがいます).

◇ ты は, 家族や仲のよい友人など親しい人に対して使います. 一方, 遠慮のいる間柄では, 相手がひとりでも вы を用います.

◇ он, она́ は, それぞれあらゆる男性名詞, 女性名詞を指して使います. つまり, 人以外のものを表す名詞を受けることもできます. 3人称複数では性の区別がなくなり, они́ をすべての場合に用います.

2 動詞について注意しなければならない特徴

　ロシア語の動詞は，進行・継続中の動作や反復・習慣となった動作，あるいは状態を表すグループと，継続，反復，状態といった特徴をもたない「ふつうの」動作を表すグループのふたつに分かれ，前者を不完了体，後者を完了体とよびます．なおこの教科書では，それぞれを(不完)(完)と略記します．

3 動詞の過去形　　　　　　　　　　　　　　　　　　　　　　　▶ 32

　動詞の不定詞(辞書の見出しになっている形で，大部分は《母音字＋ть》で終わっています)から，ть を取り去った残りの部分に以下の語尾をつけてつくります．

	単数			複数
不定詞	男性形	女性形	中性形	複数形
〜ть	〜л	〜ла	〜ло	〜ли
встать	встал	вста́ла	вста́ло	вста́ли
петь	пел	пе́ла	пе́ло	пе́ли

◇　単数の男性名詞を受ける形を男性形と呼びます．女性形，中性形も同様のいい方です．複数形は，3つの性に共通の形となります．
◇　вы は，遠慮のいる間柄では相手がひとりでも用いますが，必ず複数形(過去形なら語尾は ли)で一致させます．

4 イントネーション　　　　　　　　　　　　　　　　　　　　　▶ 33

　とくに強調をともなわない平叙文では，文の最後にある単語のアクセント母音のところで急激に下げます．文字どおりの文末が下がるのではありません．

Она́ пе́ла прекра́сно.

Они́ до́лго чита́ли.

接続詞 и「そして」，но「しかし」を含む文も，同じイントネーションです．ただし，意味のつなぎ目の前で（接続詞の前や ле́том のところで）急な高まりが入ります．

Ле́том она́ ча́сто гуля́ла и пе́ла здесь.

Она́ о́чень спеши́ла, но опозда́ла.

5 語順について

ロシア語では，たとえば英語の "SVO" のような固定した文型がないために，いろいろな語順がみられます．さしあたりは，「いろんな語順がありうる」といういちばん大事なことを頭に入れて，この後の例文や練習問題を通じて慣れるようにしてください．

練習問題2

1. 主語との一致を考えながら，動詞 встать を過去形にしましょう．

1) Вчера́ он (встать) ра́но.

2) Вчера́ она́ (встать) ра́но.

3) Вчера́ они́ (встать) ра́но.

2. 主語との一致を考えながら，動詞 петь を過去形にしましょう．

1) Вчера́ Ива́н хорошо́ (петь).

2) Вчера́ А́нна хорошо́ (петь).

3) Вчера́ Ива́н и А́нна хорошо́ (петь).

3. я, ты, вы が表す人物が（　）内である場合，［　］内の動詞を過去形に直しましょう．

1) (Ива́н): Ле́том я [встава́ть] по́здно.

2) (А́нна): Зимо́й я [встава́ть] ра́но.

3) (Пётр): Вчера́ ты [стоя́ть] там.

4) (О́льга): Вчера́ ты [стоя́ть] там.

5) (Ни́на): Вчера́ вы до́лго [чита́ть].

6) (Анто́н): Вчера́ вы до́лго [чита́ть].

4. 文の意味を考えて，かっこ内の過去形のうち適当な方を選びましょう.

1) Вчера́ я (встал — встава́л) ра́но.

2) Она́ всегда́ (вста́ла — встава́ла) по́здно.

3) Но́вые студе́нты ча́сто (опозда́ли — опа́здывали).

4) Вчера́ у́тром я (опозда́ла — опа́здывала).

5) Вдруг (наступи́ло — наступа́ло) жа́ркое ле́то.

この課の単語

▶ 34

вдруг	突然	опозда́ть	(完)遅れる
всегда́	いつも	о́чень	ひじょうに
встава́ть	(不完)起きる	петь	(不完)歌う
встать	(完)起きる	по́здно	遅く
вчера́	きのう	прекра́сно	すばらしく
гуля́ть	(不完)散歩する	пти́ца	鳥
до́лго	長い間	ра́но	早く
жа́ркий	暑い	со́лнце	太陽
здесь	ここに	спеши́ть	(不完)急ぐ
зимо́й	冬に	стоя́ть	(不完)立っている
и	そして	там	そこに
ле́то	夏	уже́	もう
ле́том	夏に	у́тром	朝に
наступа́ть	(不完)やって来る	хорошо́	じょうずに
наступи́ть	(完)やって来る	ча́сто	しばしば
но	しかし	чита́ть	(不完)読む
опа́здывать	(不完)遅れる		

第3課

▶ 35

мой портфе́ль

моя́ кни́га

моё и́мя

мои́ де́ньги

его́ портфе́ль

его́ кни́га

его́ и́мя

его́ де́ньги

【読み方の注意】 его́ ［ィエヴォー］

① 名詞の格

文中における名詞と他の語句との関係(名詞には主語，目的語，修飾語などの役割があります)は，6つの格によって表されます．

格は名詞の語末の部分を変形させて示しますが，これを格変化と呼びます．

格の種類	その代表的な意味
主　格	辞書の見出し語になります：主語を表します：「AはBである」という型の文では，AもBも主格で示されます
生　格	「の」；所属，所有などを表します：ホテルの支配人，弟の本
与　格	「に」；間接目的語になります：弟に与える
対　格	「を」；直接目的語になります：本を読む
造　格	「で」；道具，手段，身分・資格などを表します：ペンで書く，技師の身分で働く(技師として働く)
前置格	必ず前置詞といっしょに用いられて，その意味は前置詞によって決まります

18

◇ 前置詞との結合について

	前置詞なし	前置詞つき	前置詞の例
主　格	○	×	——
生　格	○	○	из, у
与　格	○	○	к
対　格	○	○	в
造　格	○	○	с
前置格	×	○	в, о

2 **持ち主を表すことば (1)** 　1人称，2人称の場合　　　　　　▶ **36, 37**

1人称および2人称のグループと，3人称のグループに分かれます.

	単数			複数
	男性形	女性形	中性形	複数形
(я)	мо**й**	мо**я**	мо**ё**	мо**й**
(ты)	тво**й**	тво**я**	тво**ё**	тво**й**
(мы)	наш	на́ш**а**	на́ш**е**	на́ш**и**
(вы)	ваш	ва́ш**а**	ва́ш**е**	ва́ш**и**

◇ 結びつく名詞の文法上の性に一致し，持ち主の性別とは無関係です.

◇ 遠慮のいる間柄では，相手がひとりでも ваш を使います.

◇ наш, ваш では女性形と中性形 (на́ша と на́ше, ва́ша と ва́ше) の発音が同じです:

　　　мой журна́л,　　　моя́ ко́мната,　　　моё кольцо́,

　　　мои́ кни́ги,

　　　ваш биле́т,　　　ва́ша ру́чка,　　　ва́ше письмо́,

　　　ва́ши журна́лы

19

③ 持ち主を表すことば (2)　3人称の場合　　　　　▶ 38, 39

(он)	его́		
(она́)	её	(они́)	их
(оно́)	его́		

его́ журна́л,　его́ ко́мната,　его́ кольцо́,　его́ журна́лы

её журна́л,　её ко́мната,　её кольцо́,　её журна́лы

их журна́л,　их ко́мната,　их кольцо́,　их журна́лы

練習問題3

1. 結びつく名詞との一致を考えながら，必要に応じて **мой** を変化させましょう.

1) (мой) сестра́　2) (мой) ме́сто　3) (мой) друг

4) (мой) дя́дя　5) (мой) часы́　6) (мой) тетра́дь

7) (мой) кни́ги　8) (мой) брат　9) (мой) статья́

2. 結びつく名詞との一致を考えながら，かっこ内の持ち主を表すことばを必要に応じて変化させましょう.

1) (ваш) кни́га　2) (наш) пла́ны　3) (твой) письмо́

4) (его́) стул　5) (её) сло́во　6) (их) биле́ты

7) (твой) портфе́ль　8) (его́) мать　9) (их) сын

10) (ваш) и́мя　11) (наш) па́па　12) (их) де́ти

3. 後の単語から適当な語を選んで（必要な時は変化させて），ロシア語に直しましょう.

1) 私の部屋　2) 彼の机　3) あなたの時計　4) 私たちの娘　5) 彼女の手紙

6) 君の本（複数）　7) あなたの指輪　8) 私の名前　9) 彼らの雑誌（複数）

10) 私の新しいノート

　　【単語】　мой, твой, наш, ваш, его́, её, их; стол, ко́мната, дочь,

　　кольцо́, письмо́, и́мя, тетра́дь, часы́, журна́лы, кни́ги; но́вый

20

4. かっこ内の単語を使って（必要な時は変化させて），ロシア語に訳しましょう.

1) 私の娘は今朝はやく起きた.

   (встать, дочь, мой, рáно, сегóдня [スィヴォードニャ], ýтром)

2) あなたのお子さんたちは上手に歌っていましたよ.

   (ваш, дéти, петь, хорошó)

3) 私たちの母はよく遅刻していました.

   (мать, наш, опáздывать, чáсто)

4) 突然きみの息子が泣き出した.

   (вдруг, заплáкать, сын, твой)

5) 若い医者は長い間散歩していた.

   (врач, гуля́ть, дóлго, молодóй)

この課の単語

▶ 40

билéт	チケット	молодóй	若い
брат	兄弟	рýчка	万年筆
врач	医者	сегóдня	きょう
дéти	（複数）子供たち	сестрá	姉妹
дочь	娘	статья́	記事
заплáкать	（完）泣き出す	стол	机
кольцó	指輪	стул	いす
мать	母	сын	息子

第4課 ━━━━━━━━━━━━━━━━━━━━━━━━━

▶ 41

Я получи́л пода́рок.

Вчера́ она́ купи́ла кольцо́.

— Что они́ стро́или?

— Они́ стро́или библиоте́ку.

— Кого́ вы встре́тили там?

— Я встре́тила Ива́на.

Вчера́ вы вста́ли ра́но?

Он купи́л план Москвы́.

Я ви́дел маши́ну бра́та.

【読み方の注意】 что［シトー］，кого́［カヴォー］

① 名詞の単数・対格

▶ 42

1) 女性名詞は最後の文字 a を y に交替させます:

主格 кни́га「本が」　　対格 кни́гу「本を」

2) 中性名詞の対格は主格と同じ形です:

主格 кольцо́「指輪が」　　対格 кольцо́「指輪を」

（主格 что「何が？」　　対格 что「何を？」）

3) 男性名詞では活動体(人と動物)と不活動体(人や動物以外)で違います.

不活動体では対格は主格と同じ形です:

主格 журна́л「雑誌が」　　対格 журна́л「雑誌を」

活動体では末尾に a をつけます:

主格 брат「兄(弟)が」　　対格 бра́та「兄(弟)を」

（主格 кто「誰が？」　　対格 кого́「誰を？」）

◇ 不活動体の複数形では，女性名詞をふくめすべて《対格＝主格》となります.

22

2 疑問文のつくり方とイントネーション　▶ 43

疑問文のつくり方には,

1) 疑問詞を使わずにイントネーションだけを変える方法
2) 疑問詞を使ってつくる方法

のふた通りがあります.

疑問詞のないタイプ 1) の疑問文に対しては, ふつう да「はい」か нет「いいえ」で答えます. このタイプの疑問文のイントネーションは, たいらに読んでいき, 質問したい部分の単語のアクセント音節だけを高い声で読み, そのあと急に下げます:

Сего́дня вы вста́ли ра́но? — Нет.

疑問詞をともなうタイプ 2) の疑問文では, ふつう疑問詞を少し高く読んで, その後は文末に向かって下降していきます:

Где вы встре́тили Ива́на? — Здесь.

3 名詞の単数・生格　▶ 44

1) 女性名詞は最後の文字 a を ы に交替させます:

　　　主格 ко́мната　　　生格 ко́маты

2) 中性名詞は最後の文字 o を a に交替させます:

　　　主格 кольцо́　　　生格 кольца́

3) 男性名詞は a をつけます:

　　　主格 парк　生格 па́рка　　　主格 брат　生格 бра́та

◇ 男性名詞の活動体では生格と対格が同じ形になることに注意しましょう.

◇ 単数・主格が ка, га, ха で終わる女性名詞は, 正書法の規則によって, 生格が ы ではなく и となります:

　　　主格 кни́га　　　生格 кни́ги

4 生格の用法 ▶ 45

◇ 生格は《所属，所有》の関係を表します(英語の of の前置詞句に似たところ
があります). 生格を名詞の後ろに置くことに注意しましょう:

цена́ кни́ги「本の値段」，   маши́на бра́та「兄(弟)の自動車」
   (生格)   (生格)

◇ いろいろな前置詞句もつくります: из＋生格「…から」

Отку́да вы прие́хали? — Я прие́хал из Москвы́.

練習問題 4

1. かっこ内の名詞を対格にしましょう.

1) Я купи́л (газе́та).　2) Ива́н купи́л (кольцо́).　3) Она́ купи́ла
(журна́л).　4) Вы получи́ли (письмо́)?　5) Ты до́лго чита́ла
(кни́га).　6) Моя́ мать ча́сто слу́шала (му́зыка).

2. 以下の動詞はどれも対格を要求する動詞です. かっこ内の人を表す名詞を適
当な形に変化させましょう.

1) Он спроси́л (сестра́).　2) Мы слу́шали (профе́ссор).

3) Они́ ви́дели (дире́ктор).　4) Она́ о́чень люби́ла (муж).

5) На́ши де́ти хорошо́ зна́ли (А́нна и Ива́н).

3. かっこ内の名詞を生格にしましょう.

1) 息子の友人 друг (сын)　2) 妹の時計 часы́ (сестра́)　3) 町の中心
центр (го́род)　4) 夏の終わり коне́ц (ле́то)　5) 女友達のドレス
пла́тье (подру́га)　6) モスクワからの手紙 письмо́ из (Москва́)

4. かっこ内の名詞を必要に応じて変化させて，質問に対する答えをつくりましょ
う.

1) Что вы получи́ли? — Я получи́л (па́спорт).

2) Что они́ стро́или? — Они́ стро́или (шко́ла).

3) Кого́ вы встре́тили? — Мы встре́тили (О́льга).

4) Кого́ ты встре́тила? — Я встре́тила (сын).

24

5. かっこ内の単語を使って（必要な時は変化させて），ロシア語に訳しましょう．

1) どこで彼は友人に会いましたか？

(встре́тить, где, друг, он)

2) 彼女は何を受け取りましたか？ 彼女は手紙を受け取りました．

(она́, она́, письмо́, получи́ть, получи́ть, что)

3) 私の父は文学をよく知っていた．

(знать, литерату́ра, мой, па́па, хорошо́)

4) 弟の友人が奈良から来た．

(брат, друг, из, На́ра, прие́хать)

5) 新入生（新しい学生）たちはもう教科書を買いましたか？ はい，買いました．

(да, купи́ть, купи́ть, но́вый, студе́нты, уже́, уче́бники)

この課の単語   ▶ 46

библиоте́ка	図書館	отку́да	どこから
ви́деть	（不完）見かける	па́спорт	パスポート
встре́тить	（完）会う	пода́рок	プレゼント
где	どこに	подру́га	女友達
го́род	町	получи́ть	（完）受け取る
да	はい	прие́хать	（完）到着する
дире́ктор	支配人	профе́ссор	教授
знать	（不完）知っている	слу́шать	（不完）聴く
из	…から	спроси́ть	（完）尋ねる
коне́ц	終わり	стро́ить	（不完）建てる
кто	誰	уче́бник	教科書
купи́ть	（完）買う	цена́	値段
литерату́ра	文学	центр	中心
люби́ть	（不完）愛する	что	何
муж	夫	шко́ла	学校
нет	いいえ		

第 5 課

▶ 47

— Что э́то?

— Э́то апте́ка.

— Кто э́то?

— Э́то Ири́на. Она́ жена́ Ви́ктора.

Вчера́ Ива́н был до́ма.

Он не студе́нт, а инжене́р.

1 2種類の導入文

▶ 48

1) “Вот ~”, “Э́то ~” という型の文は，話の導入部で用いられます:

Вот центр Москвы́. Э́то Кремль. …

2) この型の文は，疑問文への答えとしても使われます:

Что э́то? — Э́то библиоте́ка.

Где моя́ ру́чка? — Вот она́.

2 動詞 **быть** の構文

▶ 49, 50

быть は英語の be 動詞に相当し，「A は B である / だった / になる」，「X は Y にある・いる / あった・いた / あるだろう・いるだろう」のような構文で用いられます．ただし現在形では быть が姿を現すことはふつうありません．それは疑問文でも同じです．

1) 現在形

Вы студе́нт? — Да, я студе́нт.

Что э́то? — Э́то музе́й.

Где она́? — Она́ там.

2)　過去形

不定詞	男性形	女性形	中性形	複数形
бы́ть	бы́л	была́	бы́ло	бы́ли

◇ 女性形でアクセントが語尾にくることに注意しましょう：

　　　Где она́ была́ вчера́? — Вчера́ она́ была́ здесь.

3　接続詞 и́ли と а　　　　　　　　　　　　　　　　　　　▶ 51

1)　и́ли は《選択》の意味を表します．и́ли より前の部分は疑問詞のない疑問
文と同じイントネーションで読み，и́ли の後は文末に向けて下降調になります：

　　　Он инжене́р и́ли врач?

2)　а は《対比》の意味を表します．но を含む文と同じイントネーションになり
ます(16 ページ参照)．

　　　Э́то слова́рь, а э́то журна́л.

4　否定の не　　　　　　　　　　　　　　　　　　　　　　▶ 52

　не は，動詞に限らずどんな語でも打ち消したい語の前にそえて用いることが
できます：

　　　Ты уже́ реши́л зада́чу? — Нет, я ещё не реши́л.

　　　Э́то апте́ка? — Нет, э́то не апте́ка.

◇ не は次の語とひとつづきに軽く[ニ]と読まれ，アクセントを持ちません．
◇ ひとつづきに読まれる次の語のアクセントが，не に移ってしまうごく少数の
例外があります：

　　　не́ был, не́ было, не́ были　　〜　не была́

◇ не 〜，а… 「〜ではなくて，…だ」の構文に慣れましょう：

　　　Э́то не слова́рь, а журна́л.

27

練習問題 5

1. 例にならって，かっこ内に 3 人称の代名詞を書き入れましょう．

例) Где мой брат? — Вот он.

1) Где мой учébник? — Вот (　　　　).

2) Где сестрá жены́? — Вот (　　　　).

3) Где мои́ журнáлы? — Вот (　　　　).

4) Где письмó дрýга? — Вот (　　　　).

5) Где здесь пóчта? — Вот (　　　　).

2. かっこ内の動詞 быть を過去形に変えましょう．

1) Где ты былá вчерá?　　— Я (быть) дóма.

2) Вчерá Ни́на и Ви́ктор (быть) дóма.

3) Сегóдня ýтром мой брат (быть) там.

4) Вчерá здесь (быть) собрáние.

3. 次の文を否定文に変えましょう．

1) Э́то кольцó.　　2) Он журнали́ст.　　3) Э́то моя́ сестрá.

4) Э́то живáя ры́ба.　　5) Онá встáла рáно.

6) Я знáла сестрý Антóна.

4. かっこ内の単語を使って（必要な時は変化させて），ロシア語に訳しましょう．

1) 彼は学生ではなく，技師です．

　 (а, инженéр, не, он, студéнт)

2) これは何ですか？　これは新しい新聞です．

　 (газéта, нóвый, что, это, э́то)

3) これは誰ですか？　これは妹の女友達です．

　 (кто, подрýга, сестрá, э́то, э́то)

28

4) ふだん僕はお茶を飲んでいたが，アントンはジュースを飲んでいた.

(a, Антóн, обы́чно, пить, пить, сок, чай, я)

5) きのうパーティがあった. ニーナは上手に歌って踊っていた.

(быть, ве́чер, вчера́, и, Ни́на, петь, танцева́ть, хорошо́)

この課の単語　　　　　　　　　　　　　　　　　　　　▶ 53

a	一方	и́ли	それとも
апте́ка	薬局	не	…ない
быть	いる，ある；…である	обы́чно	ふだん
ве́чер	パーティ	пить	(不完)飲む
вот	ほらここに	реши́ть	(完)解く
до́ма	家に	слова́рь	辞書
ещё	まだ	собра́ние	集会
жена́	妻	сок	ジュース
журнали́ст	ジャーナリスト	танцева́ть	(不完)踊る
зада́ча	課題	э́то	これは

第6課

▶ 54

Она́ сиде́ла в ко́мнате.

Мы говори́ли о кольце́.

Моя́ сестра́ жила́ в Москве́.

— Где вы жи́ли?

— Я жил в Ки́еве.

— Где вы бы́ли вчера́ ве́чером?

— Я была́ в теа́тре.

Сего́дня у́тром он был в библиоте́ке.

Зимо́й мы бы́ли в Оде́ссе.

【読み方の注意】 жить は，過去・女性形でアクセントが語尾にきます．

1 名詞の単数・前置格

▶ 55

1) 女性名詞は最後の文字 a を e に交替させます：

主格 ко́мната　前置格の用例：в ко́мнате

2) 中性名詞は最後の文字 o を e に交替させます：

主格 кольцо́　前置格の用例：о кольце́

3) 男性名詞は e をつけます：

主格 парк　前置格の用例：в па́рке

◇ 前置格は，必ず何か前置詞と結合して使われます：

в「～の中で」：

в су́мке

в は《内部》を強調せずに単に《場所》を示す時にも用いられます：

в ко́мнате，　в шко́ле，　в па́рке

30

o「～について」:

　о войне́,　о журна́ле

② 「～に行った / 来た」の表現　　　　　　　　　　　　　　▶ 56

　動詞 быть の過去形は，「いた」のほかに「行った」，「来た」の意味でもよく用いられます．

　この場合，「行った」場所，「来た」場所を表すには，здесь「ここ」，там「あそこ」，《в＋前置格》「～に」を用い，疑問詞は где を使います：

　Где ты была́ вчера́? — Я была́ в шко́ле.

　Вчера́ они́ бы́ли здесь.

♡　あいさつの表現　　　　　　　　　　　　　　　　　　▶ 57

Здра́вствуйте!　［ズドラーストヴィチェ］　こんにちは

До́брое у́тро!　おはよう

До́брый день!　こんにちは

До́брый ве́чер!　こんばんは

До свида́ния!　さようなら

Спаси́бо!　ありがとう

Пожа́луйста!　［パジャールスタ］　どういたしまして

Извини́те!　すみません

♡　数詞　　　　　　　　　　　　　　　　　　　　　　　▶ 58

оди́н 1　два 2　три 3　четы́ре 4　пять 5

шесть 6　семь 7　во́семь 8　де́вять 9　де́сять 10

練習問題 6

1. かっこ内の名詞を前置格にしましょう.

1) в (рестора́н)　2) в (газе́та)　3) в (письмо́)　4) в (шко́ла)

5) в (Минск)　6) о (друг)　7) о (сло́во)　8) о (приро́да)

2. かっこ内の名詞を前置格にしましょう.

1) Они́ бы́ли в (Оса́ка).　　2) Пётр жил в (центр) го́рода.

3) Дя́дя сиде́л в (кре́сло).　　4) Па́па гуля́л в (парк).

5) Он ду́мал о (рабо́та).

3. かっこ内の名詞を変化させて，質問に答えましょう.

1) Где вы бы́ли вчера́? — Я был в (университе́т).

2) Где он был вчера́? — Он был в (апте́ка).

3) Где она́ была́ ле́том? — Ле́том она́ была́ в (го́род).

4) Где вы рабо́тали? — Я рабо́тал в (магази́н).

5) Где она́ жила́ тогда́? — Тогда́ она́ жила́ в (столи́ца).

6) Где сиде́ла пти́ца? — Она́ сиде́ла в (гнездо́).

4. かっこ内の単語を使って(必要な時は変化させて)，ロシア語に訳しましょう.

1) きのうニーナはホテルに行った.
　(быть, в, вчера́, гости́ница, Ни́на)

2) 学生たちはコンサートのことを考えていた.
　(ду́мать, конце́рт, о, студе́нты)

3) 私は図書館でイワンに会った.
　(библиоте́ка, в, встре́тить, Ива́н, я)

4) 私たちの母は入院していました.
　(больни́ца, в, лежа́ть, мать, наш)

32

5) 雑誌にペテルブルグについての面白い記事が出ていた.

（быть, в, журна́л, интере́сный, о, Петербу́рг, статья́）

この課の単語　　　　　　　　　　　　　　　　　　▶ 59

больни́ца	病院	лежа́ть	（不完）寝ている
в	…の中で	магази́н	店
ве́чером	晩に	о	…について
война́	戦争	рабо́та	仕事
гнездо́	巣	рабо́тать	（不完）働く
говори́ть	（不完）言う	сиде́ть	（不完）すわっている
гости́ница	ホテル	столи́ца	首都
ду́мать	（不完）思う	су́мка	バッグ
жить	（不完）住む	теа́тр	劇場
интере́сный	面白い	тогда́	当時
конце́рт	演奏会	университе́т	大学

第7課

▶ 60

Серге́й купи́л жене́ пода́рок.

Вчера́ ве́чером я позвони́л Ива́ну.

Вам мо́жно узна́ть о пого́де по телефо́ну.

Он написа́л письмо́ ру́чкой.

① 名詞の単数・与格

▶ 61

1) 女性名詞は最後の文字 a を e に交替させます：

主格 ма́ма　　与格 ма́ме

2) 中性名詞は最後の文字 o を y に交替させます：

主格 кольцо́　　与格 кольцу́

3) 男性名詞は y をつけます：

主格 брат　　与格 бра́ту

② 人称代名詞と疑問詞の与格

▶ 62

主格	与格	主格	与格	主格	与格
я	мне	мы	нам	кто	кому́
ты	тебе́	вы	вам	что	чему́
он/оно́	ему́	они́	им		
она́	ей				

◇ 3 人称の代名詞では，前置詞と結合する場合に н が前につくことに注意しましょう.

3 与格の用法　▶ 63

◇　与格は間接目的語「誰それに」（与える / 電話する / 手紙を書く…）の意味で使われます.

◇　義務や許可・禁止，可能・不可能などの意味を表すことばの中には，主格（文法上の主語）といっしょに使えないものがいくつかあります．これらの語を使った表現では，与格が《意味上の主語》として用いられることがあります.

　寒暖，明暗，快・不快などを表すことばでも同様の場合があります：

Нам на́до рабо́тать.　Вам нельзя́ кури́ть так мно́го.

Сего́дня мне хо́лодно.

◇　意味上の主語としての与格は必ず用いられるわけではありません．次の例のように，特に必要がなければ，意味上の主語は表されない方がむしろふつうです：

Сего́дня хо́лодно.　Здесь нельзя́ кури́ть.

4 名詞の単数・造格　▶ 64

1)　女性名詞は最後の文字 a を ой に交替させます：
　　主格 ру́чка　　　造格 ру́чкой

2)　中性名詞は最後の文字 o を ом に交替させます：
　　主格 кольцо́　　　造格 кольцо́м

3)　男性名詞は ом をつけます：
　　主格 инжене́р　　　造格 инжене́ром

5 人称代名詞と疑問詞の造格　▶ 65

主格	造格	主格	造格	主格	造格
я	мной	мы	на́ми	кто	кем
ты	тобо́й	вы	ва́ми	что	чем
он/оно́	им	они́	и́ми		
она́	ей				

◇　3 人称の代名詞では，前置詞と結合する場合に н が前につくことに注意しましょう.

35

6 造格の用法　▶ 66

造格は道具や身分を表したり，前置詞（たとえば，с「〜とともに」）と用いられたりします：

Она́ до́лго писа́ла письмо́ карандашо́м.

Я был в па́рке с сы́ном.

Там он рабо́тал инжене́ром.

練習問題 7

1. かっこ内の単語を与格にしましょう．

1) Она́ позвони́ла (сестра́).　2) А́нна купи́ла (сын) кни́гу.

3) Муж купи́л (они́) пода́рок.　4) (Вы) на́до позвони́ть (она́).

5) (Ты) нельзя́ кури́ть мно́го.　6) Ни́на показа́ла (мы) кварти́ру.

2. かっこ内の単語を造格にしましょう．

1) Она́ меша́ла чай (ло́жка).　2) Он рабо́тал (журнали́ст).

3) Она́ рабо́тала (медсестра́).　4) Ни́на гуля́ла с (соба́ка).

5) Пётр заказа́л суп с (мя́со).　6) Ири́на игра́ла с (он).

7) Ви́ктор путеше́ствовал с (мы).

3. 文の意味からふさわしい単語を下から選んで空欄を補いましょう．

1) ここではたばこを吸ってよい．　Здесь (　　　) кури́ть.

2) きみは彼に電話をしなくてはいけない．　Тебе́ (　　　) позвони́ть ему́.

3) ここで大声で歌ってはいけません．　Здесь (　　　) петь гро́мко.

4) あなたには問題が解けない．　Вам (　　　) реши́ть зада́чу.

5) どこで教科書を買えますか？　Где (　　　) купи́ть уче́бник?

【単語】　мо́жно, на́до, нельзя́

36

4. かっこ内の単語を使って（必要な時は変化させて），ロシア語に訳しましょう．

1) 私の妹は女友達に電話した．

   (мой, подрýга, позвони́ть, сестрá)

2) セルゲイは鉛筆で手紙を書いた．

   (каранда́ш, написа́ть, письмó, Серге́й)

3) ヴィクトルは彼女といっしょに働いていた．

   (Ви́ктор, онá, рабóтать, с)

4) あなたはテレビを見てはいけない．

   (вы, нельзя́, смотре́ть, телеви́зор)

5) 私たちは窓口で切符を買わなくてはいけない．

   (биле́ты, в, кáсса, купи́ть, мы, нáдо)

6) ママはミルクティーではなく，レモンティーが好きだった．

   (а, лимóн, люби́ть, мáма, молокó, не, с, с, чай, чай)

この課の単語   ▶ 67

грóмко	大きな声で	написа́ть	(完)書く
заказа́ть	(完)注文する	нельзя́	…してはいけない；できない
игра́ть	(不完)遊ぶ	писа́ть	(不完)書く
каранда́ш	鉛筆	по	…によって
кáсса	窓口	погóда	天気
кварти́ра	アパート	позвони́ть	(完)電話する
кури́ть	(不完)たばこを吸う	показа́ть	(完)見せる
лимóн	レモン	путеше́ствовать	(不完)旅行する
лóжка	スプーン	с	…とともに
медсестра́	看護師	смотре́ть	(不完)見る
меша́ть	(不完)まぜる	суп	スープ
мнóго	たくさん	так	それほど
мóжно	…できる；してよい	телеви́зор	テレビ
молокó	ミルク	телефóн	電話
мя́со	肉	узна́ть	(完)知る
нáдо	…ねばならない	хóлодно	寒い

第8課

▶ 68

> У меня́ есть маши́на.
>
> У меня́ нет маши́ны.
>
> У вас есть биле́т?
>
> У него́ америка́нская маши́на.

① 所有の表現

▶ 69～71

1) 「誰それは～を持っている」，「誰それのところには～がある」という表現では，持ち主が主格におかれるのではなく，《前置詞 y ＋生格》によって表され，所有の対象，存在しているものの方が主格になります。

主格	生格		主格	生格	
я	меня́	у меня́	мы	нас	у нас
ты	тебя́	у тебя́	вы	вас	у вас
он/оно́	его́	у него́	они́	их	у них
она́	её	у неё			

主格	生格	
кто	кого́	у кого́
что	чего́	у чего́

◇ 3 人称の代名詞では，前置詞と結合する場合に н が前につくことに注意しましょう。

2) この表現の現在形では，есть という語がよく現れます。есть は，主格におかれる所有の対象が単数でも複数でも，いつもこの形で使われます：

> У меня́ есть брат. У неё есть кни́ги.
>
> У него́ есть маши́на. У вас есть слова́рь?

3) ただし，持っていること，あることが，すでに話し手にも聞き手にも分かっている人やものについて，さらにその先の情報が問題となる場合は，もう есть は使われません：

38

Какие у Ирины книги? — У неё английские книги.

У Ивана тёмные волосы.

◇ 形容詞と同じ《一致》をする疑問詞 какой を覚えましょう.

男性形	女性形	中性形	複数形
какой	какая	какое	какие

2 所有・存在の否定　　　　　　　　　　　　　　　▶ 72

《所有, 存在》を否定する時は,《持っていないもの, 存在しないもの》が生格
になります. 現在形では нет という語を必ず使います:

У него нет брата.

У вас есть театр? — Нет, у нас нет театра.

◇ 同音異義の нет「いいえ」と нет「〜は存在しない, 〜を持っていない」に
注意しましょう.

3 人称代名詞と疑問詞の対格　　　　　　　　　　　▶ 73

主格	対格	主格	対格	主格	対格
я	меня	мы	нас	кто	кого
ты	тебя	вы	вас	что	что
он/оно	его	они	их		
она	её				

◇ 人称代名詞と疑問詞 кто の対格は生格と同じ形になります. ただし, 疑問詞
что の対格だけは主格と同じ形です.

◇ 3人称の代名詞では, 前置詞と結合する場合に н が前につくことに注意しま
しょう.

4 人称代名詞と疑問詞の前置格 ▶ 74

主格	前置格	主格	前置格	主格	前置格
я	мне	мы	нас	кто	ком
ты	тебе́	вы	вас	что	чём
он/оно́	нём	они́	них		
она́	ней				

◇ 3 人称の代名詞は，前置詞と結合する場合に н が前につきますが，前置格は必ず前置詞といっしょに用いられるわけですから，最初から н をつけた形で覚えましょう．

練習問題 8

1. かっこ内の単語を変化させて，所有の表現を完成させましょう．

1) У (вы) есть брат? — У (я) есть сестра́ и брат.

2) У (он) до́брый хара́ктер.　3) У (она́) есть муж.

4) У (они́) есть де́ти.　5) У (брат) есть маши́на.

6) У (сестра́) ма́ленький рот.

2. かっこ内の単語を変化させて，所有・存在を否定する文をつくりましょう．

1) У нас нет (сын).　2) У Ива́на нет (сестра́).

3) У А́нны нет (кольцо́).　4) Он до́ма? — Нет, (он) сейча́с нет.

5) В ко́мнате сейча́с (Ири́на) нет.

3. かっこ内の単語を正しく格変化させましょう．

1) (Кто) вы ви́дели там? — Я ви́дел (она́).

2) (Кто) вы позвони́ли? — Я позвони́л (он).

3) (Кто) вы рабо́тали? — Я рабо́тал инжене́ром.

4) У (кто) есть слова́рь? — У (она́) есть слова́рь.

5) О (кто) вы ду́мали? — Я ду́мала о (он).

4. かっこ内の単語を必要に応じて変化させましょう.

1) (Какóй) у вас карандáш? — У меня́ (крáсный) карандáш.

2) (Какóй) у вас шáпка? — У меня́ (бéлый) шáпка.

3) (Какóй) у вас молокó? — У нас (холóдный) молокó.

4) (Какóй) у вас часы́? — У меня́ (япóнский) часы́.

5. かっこ内の単語を使って(必要な時は変化させて), ロシア語に訳しましょう.

1) 私たちにはやさしい母がいる.

(дóбрый, мать, мы, у)

2) ヴィクトルはテレビを持っていない.

(Вúктор, нет, телевúзор, у)

3) 学生は私たちに彼女のことを尋ねた.

(мы, о, онá, спросúть, студéнт)

　【注】　спросúть〈対格〉о〔前置格〕「(　)に｛　｝について尋ねる」

4) 彼女たちのアパートはどんなですか？ アパートにはどんな部屋(複数)がありますか？

(в, какóй, какóй, квартúра, квартúра, кóмнаты, онú, у)

5) 父は私をとても愛していて, よく私に本(複数)をプレゼントしてくれました.

(дарúть, и, кнúги, любúть, отéц, óчень, чáсто, я, я)

この課の単語　　　　　　　　　　　　　　▶ 75

америкáнский	アメリカの	мáленький	小さい
англúйский	イギリスの	нет	…がない
бéлый	白い	отéц	父
вóлосы	(複数)髪	рот	口
дарúть	(不完)プレゼントする	сейчáс	いま
		тёмный	暗い
дóбрый	やさしい	у	…のもとに
есть	…がある	харáктер	性格
какóй	どんな	холóдный	冷たい
крáсный	赤い		

41

第9課

▶ 76

> Я сейча́с чита́ю кни́гу.
>
> Он рабо́тает в библиоте́ке.
>
> Она́ смо́трит телеви́зор.
>
> Там стоя́т но́вые студе́нты.

1 動詞の過去，現在，未来と体の関係

　第2課で説明したように，進行・継続中の動作（状態）は不完了体で表します．また反復される動作，習慣になっている動作にも不完了体が用いられます．それに対して，進行や反復などの特徴をもたない「ふつうの」動作は完了体で表されます．発言と同時に行われている動作は進行・継続（あるいは習慣）のプロセスの中の一点とみなせますから，完了体では表すことができません．つまり完了体には現在の意味が欠けています．

2 体と時制と動作の概念図

▶ 77

1)　　　　　　〜〜〜《進行・継続》
　　　　　　　×××《反復》
　（過去）…………・…………→（未来)
　　　　　　　☞（発言時）

Он сейча́с чита́ет.
　　（不完）現在

2)　　　　×
　（過去）…………・…………→（未来)
　　　　　　　☞（発言時）

Он прочита́л рома́н.
　　（完）過去

3)　　　〜〜〜
　　　　　×××
　（過去）…………・…………→（未来)
　　　　　　　☞（発言時）

Он до́лго чита́л.
　　（不完）過去

4)　　　　　　　　　　×
　（過去）…………・…………→（未来)
　　　　　　　☞（発言時）

Он прочита́ет рома́н.
　　（完）未来

42

5)

（過去）............ ・ .... →（未来）　　Он бу́дет чита́ть до́лго.
　　　　　 　🖢（発言時）　　　　　　　　　（不完）未来

◇ 4), 5) については第10課を参照してください.

3 動詞の現在形

1) 不完了体からしかつくれません.《進行・継続》または《反復・習慣》の意味
を表します.

2) e変化とи変化の2つのタイプがあり, ともに主語の人称と数によって変化
します. どちらのタイプの変化をするかは, 動詞によって決まっています.

◇ 覚えるためのポイント

1) 不定詞の最後がитьの動詞は, ほとんどすべてи変化です.

2) その他の規則変化動詞は, ほとんどがe変化に属します.

3) ただし, 次の動詞は, 例外的にи変化をします:

　　ви́деть,　лежа́ть,　смотре́ть,　стоя́ть

4) あとは, 辞書を活用しましょう.

4 e変化（第1変化）　　　　　　　　　　　　　▶ 78

不定詞からтьを除いた残りの部分に下の人称語尾をつけます. アクセントは
不定詞と同じ場所にあります.

不定詞		рабо́тать			
я	-ю	рабо́таю	мы	-ем	рабо́таем
ты	-ешь	рабо́таешь	вы	-ете	рабо́таете
он*	-ет	рабо́тает	они́	-ют	рабо́тают

　　* она́, оно́ も同じ

◇ 不定詞, яの形 (рабо́таю), тыの形 (рабо́таешь) の3つの形を覚えま
しょう. それさえ覚えておけば, あとの形は導き出せます.

43

5 и 変化（第2変化） ▶ 79

不定詞から ть を除いた部分から，さらに母音字をひとつ取り去ったところに下の人称語尾をつけます．

不定詞でアクセントが ть の直前にある и 変化動詞の現在形では，アクセントは，

1) すべての形で語尾にくる．

2) 単数1人称では語尾にあるが，単数2人称以下の5つの形では前に移動する．

のどちらかです．

不定詞でアクセントが ть の直前にない и 変化動詞の場合，アクセントの位置は常に同じで移動しません．

不定詞		стоя́ть	смотре́ть
я	-ю	стою́	смотрю́
ты	-ишь	стои́шь	смо́тришь
он	-ит	стои́т	смо́трит
мы	-им	стои́м	смо́трим
вы	-ите	стои́те	смо́трите
они́	-ят	стоя́т	смо́трят

◇ 不定詞，я の形 (стою́)，ты の形 (стои́шь) の3つの形を覚えましょう．

練習問題9

1. 次の2つの動詞を主語にあわせて現在変化させましょう．

1) гуля́ть (е 変化)：

　　i) Она́ (　　　). ii) Я (　　　). iii) Они́ (　　　).

2) кури́ть (и 変化)

　　i) Ты (　　　). ii) Вы (　　　). iii) Мы (　　　).

2. かっこ内の動詞を現在変化させましょう．

1) Я (чита́ть) журна́л. 2) Она́ (чита́ть) кни́гу.

3) Ива́н (игра́ть) в па́рке. 4) Они́ (игра́ть) в па́рке.

44

5) Áнна и Ни́на (слу́шать) профе́ссора.   6) О ком вы (ду́мать)?

7) Ты (говори́ть) о́чень гро́мко.   8) Мы (говори́ть) о ней.

3. 以下の文の動詞を過去形から現在形に変えましょう.

1) Он ду́мал о рабо́те.   2) Она́ ду́мала о рабо́те.

3) Я вас не понима́л.   4) Ты меня́ не понима́ла.

5) Пётр не кури́л до́ма.   6) Пётр и Серге́й кури́ли в ко́мнате.

7) Они́ стро́или библиоте́ку.   8) Я хорошо́ по́мнил де́тство.

　　【読み方の注意】　де́тство［ヂェーツトヴァ］

4. かっこ内の単語を使って（必要な時は変化させて）, ロシア語に訳しましょう.

1) いま私たちは家で遊んでいます.

(до́ма, игра́ть, мы, сейча́с)

2) いまイワンはアンナに電話をかけています.

(А́нна, звони́ть, Ива́н, сейча́с)

3) ニーナは看護師として働いていましたが, いまは学校で働いています.

(а, в, медсестра́, Ни́на, рабо́тать, рабо́тать, сейча́с, шко́ла)

4) 彼らはテレビを見たり音楽を聞いたりしている.

(и, му́зыка, они́, слу́шать, смотре́ть, телеви́зор)

5) 町の中心には大学の高い建物がたっている.

(в, высо́кий, го́род, зда́ние, стоя́ть, университе́т, центр)

この課の単語 ▶ 80

высо́кий	高い	по́мнить	（不完）覚えている
де́тство	子供時代	понима́ть	（不完）理解する
звони́ть	（不完）電話する	прочита́ть	（完）読む
зда́ние	建物		

第10課 ─────────────

▶ 81

Завтра я вам позвоню́.

Сего́дня ве́чером он вы́полнит рабо́ту.

Сего́дня ве́чером я бу́ду до́ма.

За́втра он бу́дет сиде́ть до́ма це́лый день.

Сейча́с я иду́ в университе́т.

Ка́ждый день она́ хо́дит в библиоте́ку.

【注意】 це́лый день, ка́ждый день のように，前置詞のない対格で《時》
を表す慣用的な表現があります．

---

1 **動詞の未来形 (1)**　完了体からつくる未来形　　　　　▶ 82

е 変化（第1変化）と и 変化（第2変化）の2種類があり，ともに主語の人称と数
によって変化します．どちらの変化をするかは，動詞によって決まっています．
現在形を覚えるためのポイントは，完了体の未来形についても当てはまります．

不定詞	прочита́ть	позвони́ть
я	прочита́ю	позвоню́
ты	прочита́ешь	позвони́шь
он	прочита́ет	позвони́т
мы	прочита́ем	позвони́м
вы	прочита́ете	позвони́те
они́	прочита́ют	позвоня́т

2 **動詞の未来形 (2)**　不完了体からつくる未来形　　　　　▶ 83, 84

不完了体の未来形（未来での進行・継続，反復・習慣）は，動詞 быть の未来形
と不完了体動詞の不定詞を組み合わせてつくります．

46

◇ 動詞 **быть** の未来形

я	бу́ду		мы	бу́дем
ты	бу́дешь		вы	бу́дете
он	бу́дет		они́	бу́дут

◇ 不完了体の未来形: 不定詞 **чита́ть**

я	бу́ду чита́ть		мы	бу́дем чита́ть
ты	бу́дешь чита́ть		вы	бу́дете чита́ть
он	бу́дет чита́ть		они́	бу́дут чита́ть

③ 動詞 **быть** の未来形の用法　　　　　　　　　　　▶ 85

第5課で学んだように，動詞 **быть** は，英語の be 動詞に相当します．その未来形は「～になるだろう」，「～にある / いるだろう」，「～に行く / 来るだろう」といった意味で用いられます：

Ско́ро здесь бу́дет собра́ние.

За́втра я бу́ду в теа́тре.

④ 「行く・来る」の表現　　　　　　　　　　　　　▶ 86, 87

ふつう不完了体の動詞は，同じひとつの形で進行・継続も反復・習慣も表しますが，「行く・来る」の意味を表すごく少数の動詞に限っては，進行・継続と反復・習慣とで別の語を用います．

不定詞	進行・継続		反復・習慣	
	идти́	е́хать	ходи́ть	е́здить
я	иду́	е́ду	хожу́	е́зжу
ты	идёшь	е́дешь	хо́дишь	е́здишь
он	идёт	е́дет	хо́дит	е́здит
мы	идём	е́дем	хо́дим	е́здим
вы	идёте	е́дете	хо́дите	е́здите
они́	иду́т	е́дут	хо́дят	е́здят

◇ このグループの動詞では，場所（行き先）を表す前置詞句が《в＋対格》となり，疑問詞も куда́ を用います．

> Куда́ вы идёте?　── Я иду́ в парк.

> Он ча́сто хо́дит в апте́ку.

◇《в＋前置格》や где を用いる быть の構文とのちがいに注意しましょう．

練習問題 10

1. かっこ内の動詞 быть を未来形にしましょう．

1) За́втра она́ (быть) до́ма.　2) За́втра мы (быть) в Москве́.

3) За́втра я (быть) чита́ть кни́гу.　4) Что вы (быть) де́лать за́втра?　5) Ве́чером (быть) интере́сные конце́рты.

6) Сего́дня в университе́те (быть) ле́кция.

2. 未来の意味を表すように，かっこ内の完了体動詞を変化させましょう．

1) Кому́ вы (позвони́ть) за́втра?　2) Ты ско́ро (вы́полнить) рабо́ту?　3) Она́ ско́ро (прочита́ть) кни́гу.　4) Я (объясни́ть) вам план.　5) Они́ меня́ не (узна́ть).

3. （　）内の動詞 идти́ と е́хать を現在変化させ，［　］内の名詞を必要に応じて変化させましょう．

1) Куда́ вы (идти́)? ── Мы (идти́) в [шко́ла].

2) Куда́ ты (е́хать)? ── Я (е́хать) в [Москва́].

3) Ива́н и Ви́ктор (е́хать) в [рестора́н].

4) Ни́на (идти́) в [гости́ница], а А́нна (е́хать) в [теа́тр].

4. 次の文の意味にふさわしい動詞をかっこ内から選び，現在変化させましょう．

1) 私はいま公園に行くところです．

　Сейча́с я (идти́ ── ходи́ть) в парк.

2) 毎朝彼は図書館に通っています．

　Ка́ждое у́тро он (идти́ ── ходи́ть) в библиоте́ку.

3) 私たちは(乗り物で)町に行くところです.

   Мы (éхать — éздить) в го́род.

4) 彼らはいつも(乗り物で)大学に通っています.

   Они́ всегда́ (éхать — éздить) в университе́т.

5. かっこ内の単語を使って(必要な時は変化させて), ロシア語に訳しましょう.

1) 明日あなたは家にいますか？

   (быть, вы, до́ма, за́втра)

2) 明日私はあなたに指輪をプレゼントします.

   (вы, за́втра, кольцо́, подари́ть, я)

3) 彼らは(歩いて)病院に行くところです.

   (больни́ца, в, идти́, они́)

4) 明日の晩, 私たちは学校でコンサートを催します.

   (в, ве́чером, за́втра, конце́рт, мы, устро́ить, шко́ла)

5) ほらイワンが歩いているよ. 夏に彼は毎日プールに通っているんだ.

   (бассе́йн, в, вот, день, Ива́н, идти́, ка́ждый, ле́том, он, ходи́ть)

この課の単語

▶ 88

бассе́йн	プール	куда́	どこへ
вы́полнить	(完)実行する	объясни́ть	(完)説明する
де́лать	(不完)する	подари́ть	(完)プレゼントする
день	日	ско́ро	まもなく
éздить	(不完)(乗り物で)通う	устро́ить	(完)催す
éхать	(不完)(乗り物で)行く	у́тро	朝
за́втра	明日	ходи́ть	(不完)(歩いて)通う
идти́	(不完)(歩いて)行く	це́лый	まるまるの
ка́ждый	毎: 各々の		

49

第11課　総仕上げ (1)

1. 声に出して読みましょう.　　　　　　　　　　　　　　　▶ 89

1) Ива́н ча́сто опа́здывал.　　2) Вчера́ А́нна опозда́ла.

3) Зимо́й мы всегда́ встава́ли по́здно.

4) Сего́дня у́тром они́ вста́ли ра́но.

2. 声に出して読みましょう.　　　　　　　　　　　　　　　▶ 90

1) Вчера́ Пётр хорошо́ пел.　　2) Вчера́ он хорошо́ пел.

3) Вчера́ О́льга хорошо́ пе́ла.　4) Вчера́ она́ хорошо́ пе́ла.

5) Вчера́ Ни́на и Анто́н хорошо́ пе́ли.

6) Вчера́ они́ хорошо́ пе́ли.

7) Вчера́ мы хорошо́ пе́ли.　　8) Вчера́ я хорошо́ пел.

9) Вчера́ я хорошо́ пе́ла.　　10) Вчера́ ты хорошо́ пел.

11) Вчера́ ты хорошо́ пе́ла.　12) Вчера́ вы хорошо́ пе́ли.

3. 単数形と複数形を確認しましょう.　　　　　　　　　　　▶ 91

	単数形	複数形		単数形	複数形
1)	журна́л	журна́лы	2)	инжене́р	инжене́ры
3)	по́чта	по́чты	4)	ры́ба	ры́бы
5)	кре́сло	кре́сла	6)	пра́вило	пра́вила
7)	парк	па́рки	8)	ру́чка	ру́чки
9)	кни́га	кни́ги	10)	стару́ха	стару́хи

4. 結び付く名詞との一致を考えながら，声に出して読みましょう． ▶ 92

1) мой сын   2) твой сын   3) наш сын   4) ваш сын

   моя́ мать   твоя́ мать   на́ша мать   ва́ша мать

   моё ме́сто   твоё ме́сто   на́ше ме́сто   ва́ше ме́сто

   мои́ де́ньги   твои́ де́ньги   на́ши де́ньги   ва́ши де́ньги

5) его́ сын   6) её сын   7) их сын

   его́ мать   её мать   их мать

   его́ ме́сто   её ме́сто   их ме́сто

   его́ де́ньги   её де́ньги   их де́ньги

5. うしろの名詞との一致を考えて，形容詞の語尾を補いましょう．

1) но́в _____ журна́л   2) но́в _____ по́чта

3) но́в _____ кольцо́   4) но́в _____ журна́лы

5) япо́нск _____ студе́нт   6) япо́нск _ __ приро́да

7) япо́нск _____ ле́то   8) япо́нск _____ ру́чки

9) жив _____ ма́льчик   10) жив _____ му́зыка

11) жив _____ сло́во   12) жив _____ ры́бы

6. 結び付く名詞との一致を考えながら，（　）内を必要に応じて変化させましょう．

1) (мой) кни́га   2) (мой) брат

3) (мой) кольцо́   4) (мой) биле́ты

5) (твой) и́мя   6) (твой) дочь

7) (твой) портфе́ль   8) (твой) ру́чки

9) (наш) мо́ре   10) (наш) инжене́ры

11) (наш) соба́ка   12) (наш) чай

13) (его́) стол   14) (его́) ле́кция

15) (его́) сло́во   16) (его́) часы́

7. これまでに習った単語を活用して，ロシア語にしましょう．
 1) 昨日の朝彼女の息子は早く起きた．
 2) 突然われわれの娘が泣き出した．
 3) 若い鳥は上手に歌っていた．
 4) 私の子供たちは長い間散歩していた．
 5) 彼らはしばしば散歩をしたり歌ったりしていた．

覚えていますか？

名詞の性
ロシア語の名詞は文法上の性を持ちます．
・ь で終わる名詞の性は辞書で調べましょう．
・мя で終わる名詞は中性名詞です．
・a や я で終わっていても男性名詞である単語もあります：
　 па́па「パパ」，дя́дя「おじさん」など．

人称代名詞

		単数	複数
1人称		я	мы
2人称		ты	вы
（遠慮のいる間柄	вы)		
3人称	男性	он	性の区別なしで
	女性	она́	они́
	中性	оно́	

動詞について

　継続，反復といった動作を表す動詞(あるいは状態を表す動詞)のグループを不完了体と呼びます．そのような特徴を持たない「ふつうの」動作を表す動詞グループを完了体と呼びます．

不完了体　　　　　　　　完了体

встава́ть　　　　　　встать
起きつつある　　　　　起きる
繰り返し起きる　　　　（起きてしまう）

наступа́ть　　　　　наступи́ть
やって来つつある　　　やって来る
繰り返しやって来る　　（やって来てしまう）

стоя́ть　　　　　　　＊ペアなし
立っている(状態)

・継続，反復，状態というような過去形は不完了体を，ふつうの過去形は完了体を用います．
・動詞の過去形は，主語が複数か単数かで変化します．単数の場合には，さらに性の区別もあります．

名詞の格

　　　　　　　　基本的な働き
・主　格：　辞書の見出しになる．主語となる．前置詞は結び付かない．
・生　格：　所属や所有など．
・与　格：　間接目的語．
・対　格：　直接目的語．
・造　格：　道具や手段，身分，職業など．
・前置格：　必ず前置詞と結合して用いる．

第**12**課　総仕上げ (2)

1. 声に出して読みましょう. ▶ 93

1) Что она получила? — Она получила письмо.

2) Он купил план Киева.

3) Я видел брата друга.

4) Кого ты встретила в библиотеке? — Я встретила Нину.

5) Что это? — Это школа.

6) Кто это? — Это профессор Попов.

7) Где Лена и Виктор? — Они там.

8) Где моя ручка? — Вот она.

9) Она не студентка, а медсестра.

10) Он студент или инженер? — Он инженер.

2. 声に出して読みましょう. ▶ 94

1) Вчера здесь был вечер.

2) Где ты жила тогда? — Тогда я жила в центре города.

3) Летом вы были в Петербурге? — Да, мы были там.

4) Вчера Нина была в театре.

5) Ваня купил сестре билет в театр.

6) Вчера вечером она позвонила Анне.

7) Мне надо решить задачу.

8) Здесь нам можно купить новые учебники.

9) Он долго писал письмо карандашом.

10) Она была в Одессе с Леной.

3. かっこ内の単語を正しく格変化させましょう.

1) О (что) вы говори́ли? — Я говори́л о (шко́ла).

2) (Кто) вы спроси́ли о библиоте́ке?

                           — Я спроси́ла (профе́ссор).

3) (Кто) ты писа́ла письмо́? — Я писа́ла письмо́ (Ива́н).

4) (Кто) она́ рабо́тала в больни́це?

                           — Она́ рабо́тала (медсестра́).

5) О (кто) вы говори́ли? — Мы говори́ли о (она́).

6) У (кто) но́вый ру́сский журна́л? — У (он).

4. これまでに習った単語を活用して，ロシア語にしましょう.

1) 君たちはここで話してはいけない.

2) いま学校にアンナはいない.

3) 彼女はレーナといっしょに図書館に行った.

4) どこで英語の雑誌を買えますか.

5) 「あなたはどんなバッグを持っていますか」「私は小さいバッグを持っています」

6) 昨日ママは私に新しい本(複数形で)をプレゼントしてくれた.

7) 私たちは彼に耳を傾けていた. （3つの単語を用いて）

覚えていますか？

人称代名詞

	主格	生格	与格	対格	造格	前置格
単数 1 人称	я	меня́	мне	меня́	мной	мне
2 人称	ты	тебя́	тебе́	тебя́	тобо́й	тебе́
3 人称男性	он	(н)его́	(н)ему́	(н)его́	(н)им	нём
中性	оно́	(н)его́	(н)ему́	(н)его́	(н)им	нём
女性	она́	(н)её	(н)ей	(н)её	(н)ей	ней
複数 1 人称	мы	нас	нам	нас	на́ми	нас
2 人称	вы	вас	вам	вас	ва́ми	вас
3 人称	они́	(н)их	(н)им	(н)их	(н)и́ми	них

・3 人称単数で，男性形は男の人や動物のオスだけでなく，あらゆる単数の男性
名詞のかわりに用いることができます．女性形は女の人や動物のメスだけでなく，
あらゆる単数の女性名詞のかわりに用いることができます．
・母音字で始まる 3 人称の代名詞は前置詞と結合する場合に н が前につきます．
なお，前置格は必ず前置詞と結合するので，最初から н を付けた形で覚えましょ
う．
・生格と対格は同じ形になります．

疑問詞

	主格	生格	与格	対格	造格	前置格
だれ？	кто	кого́	кому́	кого́	кем	ком
なに？	что	чего́	чему́	что	чем	чём

格の特別な使い方

・《所有・存在》を否定する時は《持っていないもの，存在しないもの・ひと》が
生格になります．

・義務や許可・禁止，可能・不可能などを表すことば，寒暖，明暗，快・不快を表すことばの中には主格（文法上の主語）といっしょに使えないものがあります．これらの語を使った表現では，与格が《意味上の主語》として用いられることがあります．

前置詞   ▶ 95

この教科書に出てくる前置詞を確認しましょう．

① 生格とともに：

    Я приéхал из Петербýрга.　　из：〜（の中）から

    У Лéны есть машúна.　　　　у：〜のもとに

② 与格とともに：

    Вам мóжно узнáть о погóде по телефóну.

                             по：〜によって［〜に沿って］

③ 対格とともに：

    Я éду в Москвý.　　　　в：〜（の中）へ

④ 造格とともに：

    Вúктор путешéствовал с Ивáном.　　с：〜とともに

⑤ 前置格とともに：

    Пáпа гуля́л в пáрке.　　　　в：〜（の中）で

    Онá дýмала о рабóте.　　　о：〜について

補　遺

1. 声に出して読みましょう.　　　　　　　　　　　　　▶ 96

1) Я ско́ро прочита́ю его́ письмо́.

2) За́втра она́ объясни́т вам но́вые пра́вила.

3) Что ты бу́дешь де́лать сего́дня ве́чером?

4) В шко́ле мы бу́дем чита́ть кни́гу о Петербу́рге.

5) Сейча́с он идёт в парк.

6) Ка́ждый день они́ е́здят в бассе́йн.

2. かっこ内の動詞を現在形にしましょう.

1) Сейча́с они́ (слу́шать) ра́дио.

2) Она́ хорошо́ (знать) А́нну?

3) Он (рабо́тать) в Москве́.

4) Я (ду́мать) о бра́те в Аме́рике.

5) О чём вы (говори́ть)? — Мы (говори́ть) о литерату́ре.

6) Там (стоя́ть) по́чта.

7) Кому́ вы (звони́ть)? — Я (звони́ть) ма́ме.

3. かっこ内の動詞が完了体か不完了体か見きわめたうえで未来形にしましょう.

1) Мы (вы́полнить) зада́чу

2) За́втра у́тром мы (гуля́ть) в па́рке.

3) Что вы (де́лать) за́втра? — Я (чита́ть) кни́гу це́лый день.

4) Они́ (писа́ть) письмо́.

5) Он (подари́ть) ей пода́рок.

6) Кому́ ты (позвони́ть)? — Я (позвони́ть) профе́ссору.

7) За́втра вы (прочита́ть) но́вый англи́йский журна́л?

8) Она́ (рабо́тать) в гости́нице.

58

4. これまでに習った単語を活用して，ロシア語にしましょう．

1) 彼はレーナの兄をよく知っている．　2) 彼らはいまテレビを見ている．

3) 夏に彼女は早起きするだろう．　　　4) 今晩彼らはパーティーを催します．

5) ほらニーナが町の中心に（歩いて）向かっているよ．

6) 彼女は毎朝（乗物で）大学に通っている．

「行く・来る」の表現　　　　　　　　　　　　　　▶ 97〜99

・場所を表す表現（前置詞《в＋前置格》や здесь「ここ」，там「あそこ」など）といっしょになると，動詞 быть の過去形は「いた」のほかに「行った」，「来た」の意味でもよく用いられます．未来形の場合は「〜にいるだろう／あるだろう」のほかに「行くだろう／来るだろう」の意味でも用いられます．文脈に応じて，その意味を理解しましょう．

① Где вы бы́ли у́тром? — У́тром я был в библиоте́ке.

② Вчера́ она́ была́ здесь.　　③ Ле́том он бу́дет в Москве́.

・ふつう不完了体の動詞では，同じ一つの動詞が継続も反復も表します．

① Он сейча́с чита́ет журна́лы.

② Он ча́сто чита́ет журна́лы.

　しかし，不完了体の中で，「行く・来る」の意味を表すごく少数の動詞に限り，継続と反復で別々の動詞をペアにして用います．

	進行・継続	反復・習慣
（歩いて）行く・来る	идти́	ходи́ть
（乗り物で）行く・来る	е́хать	е́здить

　これらの動詞を使うとき，行先を表すために用いる前置詞は《в＋対格》です．疑問詞は куда́ になります．

① Куда́ вы идёте? — Я иду́ в теа́тр.

② Ка́ждый день она́ хо́дит в библиоте́ку.

59

文　法　表

① 名詞の変化

1)　男性名詞

単数主格	план	уро́к	студе́нт	ма́льчик
生　格	пла́на	уро́ка	студе́нта	ма́льчика
与　格	пла́ну	уро́ку	студе́нту	ма́льчику
対　格	план	уро́к	студе́нта	ма́льчика
造　格	пла́ном	уро́ком	студе́нтом	ма́льчиком
前置格	пла́не	уро́ке	студе́нте	ма́льчике
複数主格	пла́ны	уро́ки	студе́нты	ма́льчики

2)　中性名詞　　　　3)　女性名詞

単数主格	боло́то	ка́рта	кни́га
生　格	боло́та	ка́рты	кни́ги
与　格	боло́ту	ка́рте	кни́ге
対　格	боло́то	ка́рту	кни́гу
造　格	боло́том	ка́ртой	кни́гой
前置格	боло́те	ка́рте	кни́ге
複数主格	боло́та́	ка́рты	кни́ги

60

② 疑問詞 **кто, что** の格変化

主　格	кто	что
生　格	кого́	чего́
与　格	кому́	чему́
対　格	кого́	что
造　格	кем	чем
前置格	ком	чём

③ 人称代名詞の格変化

主　格	я	ты	он/оно́	она́	мы	вы	они́
生　格	меня́	тебя́	его́	её	нас	вас	их
与　格	мне	тебе́	ему́	ей	нам	вам	им
対　格	меня́	тебя́	его́	её	нас	вас	их
造　格	мной	тобо́й	им	ей	на́ми	ва́ми	и́ми
前置格	мне	тебе́	нём	ней	нас	вас	них

④ 形容詞と疑問詞 **какой** の性・数変化

単数男性形	но́вый	живо́й	ру́сский	како́й
女性形	но́вая	жива́я	ру́сская	кака́я
中性形	но́вое	живо́е	ру́сское	како́е
複　数　形	но́вые	живы́е	ру́сские	каки́е

⑤ 《持ち主を表すことば》の性・数変化

単数男性形	мой	твой	наш	ваш
女性形	моя́	твоя́	на́ша	ва́ша
中性形	моё	твоё	на́ше	ва́ше
複　数　形	мой	твои́	на́ши	ва́ши

3人称の《持ち主を表すことば》(его, её, их) は，性・数による変化をしません.

61

6 動詞の現在形

不 定 詞	читáть (е 変化)	звони́ть (и 変化)
単数 1 人称 (я)	читáю	звоню́
2 人称 (ты)	читáешь	звони́шь
3 人称 (он)	читáет	звони́т
複数 1 人称 (мы)	читáем	звони́м
2 人称 (вы)	читáете	звони́те
3 人称 (они́)	читáют	звоня́т

7 動詞の過去形

不 定 詞	быть	читáть
単数男性形	был	читáл
女性形	былá	читáла
中性形	бы́ло	читáло
複 数 形	бы́ли	читáли

8 動詞の未来形

	1) 不完了体	2) 完了体	
不定詞	читáть	прочитáть (е 変化)	позвони́ть (и 変化)
単数 1 人称 (я)	бу́ду читáть	прочитáю	позвоню́
2 人称 (ты)	бу́дешь читáть	прочитáешь	позвони́шь
3 人称 (он)	бу́дет читáть	прочитáет	позвони́т
複数 1 人称 (мы)	бу́дем читáть	прочитáем	позвони́м
2 人称 (вы)	бу́дете читáть	прочитáете	позвони́те
3 人称 (они́)	бу́дут читáть	прочитáют	позвоня́т

セメスターのロシア語　改訂版

2019年2月10日　第1刷発行
2025年3月10日　第6刷発行

著　者　©

諫　早　勇　一
いさ　はや　ゆう　いち
服　部　文　昭
はつ　とり　ふみ　あき
大　平　陽　一
おお　ひら　よう　いち
田　中　大
た　なか　ひろし

発行者　岩　堀　雅　己

印刷所　株 式 会 社 理 想 社

101-0052 東京都千代田区神田小川町3の24
発行所　電話 03-3291-7811（営業部）, 7821（編集部）　株式会社 白水社
www.hakusuisha.co.jp
乱丁・落丁本は、送料小社負担にてお取り替えいたします。

振替 00190-5-33228　　Printed in Japan　　株式会社ディスカバリー

ISBN978-4-560-01636-7

▷本書のスキャン、デジタル化等の無断複製は著作権法上での例外を
除き禁じられています。本書を代行業者等の第三者に依頼してスキャ
ンやデジタル化することはたとえ個人や家庭内での利用であっても著
作権法上認められていません。

辞典

パスポート初級露和辞典
米重文樹［編］　ウラジーミル・タヴリーノフ［協力］

◆超ビギナー向け，いたれりつくせりの入門辞典　◆初学者に必要十分な7000語，新語も豊富　◆重要語は色で区別　◆基本形が容易に探せる，変化形見出しの充実　◆発音カタカナ表記　◆すぐ役立つ用例満載　◆基礎文法・語法解説のコラム，文化の背景がわかる「ミニ百科」，イラスト多数　◆和露インデックス付き．(2色刷) B6判 415頁 定価3190円（本体2900円）

ロシア語ミニ辞典
安藤　厚／大西郁夫／栗原成郎　灰谷慶三／藤家壮一／松井俊和　望月恒子／T・ヴラーソワ［編］

露和と和露が一冊になったハンディな辞典．露和は日常よく使われる約18000語．重要不規則変化形も見出しにあげ，発音はカタカナ表記．和露は5000語で用例が豊富．さらに旅行や日常生活に必要な語をジャンルごとにまとめて図解した項目別語彙集付き．
B小型 660頁 定価4180円（本体3800円）

入門書

ロシア語のしくみ《新版》
黒田龍之助 著

大切なのは「しくみ」！　文法用語や表に頼らない，通読できる画期的な入門書．
B6変型 146頁 定価1540円(本体1400円)

ロシア語のかたち《ワイド版》
黒田龍之助 著

ロシア語の文字が解読できる，とびきり楽しい入門書．おまけ音源あり．
A5判 115頁 定価1870円（本体1700円）

ニューエクスプレスプラス ロシア語
黒田龍之助 著　(2色刷)

会話＋文法，入門書の決定版がパワーアップ．音声アプリあり．【CD付】
A5判 150頁 定価2090円（本体1900円）

初級ロシア語20課
桑野　隆 著　【CD付】

ロングセラー『CDエクスプレス ロシア語』の改訂版．基本をコンパクトにまとめました．
A5判 150頁 定価2090円（本体1900円）

標準ロシア語入門《改訂版》
東　一夫／東　多喜子 著　ステパーノワ 校閲

ロングセラーの入門書．基本例文，応用例文と練習問題で表現力を高めます．【CD2枚付】
A5判 227頁 定価2860円（本体2600円）

ティータイムのロシア語
土岐康子／三神エレーナ／佐藤裕子 著

文法は必要最小限，簡単な会話ができるまでを目指します．【CD付】(2色刷)
四六判 134頁 定価2310円（本体2100円）

初〜中級

羽ばたくロシア語
◎旅歩きで初級からステップアップ！
土岐康子／三神エレーナ 著

旅行気分を味わいながら実用的なロシア語を学んでいきましょう．旅歩きを楽しみながら，次のレベルへ．音声アプリあり．(2色刷)
四六判 142頁 定価2420円（本体2200円）

もっと知りたいロシア語
◎初級から広げ深掘りする
桑野隆 著

初級の項目から見えるロシア語の「深層」を案内．もう一歩先のロシア語理解を目指す，これまでにない画期的な解説本．
四六判 175頁 定価2310円（本体2100円）

表現

ロシア語表現ハンドブック
熊野谷葉子／スニトコ・タチアナ 著

初級から中級までグレード別に実践的な例文を収録．音声ダウンロードあり．
A5判 124頁 定価2420円（本体2200円）

問題集

自習ロシア語問題集
中村健之介 著

ロシア語の基本文法，作文，訳読を習得するための問題集．力だめしに最適．
B6判 160頁 定価1980円（本体1800円）

単語集

最新ロシア重要単語2200
佐藤純一／木島道夫 編　【CD2枚付】

初級から中級の重要語をあらためて厳選．全見出し語に平易で応用のきく例文付き．
四六判 245頁 定価2970円（本体2700円）

重版にあたり，価格が変更になることがありますので，ご了承ください．